AF555522

1910 – Mars – 22

66

VENTE
du Mercredi 23 Mars 1910
HOTEL DROUOT — SALLE N° 10
A 2 H. ½ PRÉCISES

EXPOSITION PUBLIQUE
Le Mardi 22 Mars 1910
DE 1 H. ½ A 5 H. ½

TABLEAUX MODERNES

AQUARELLES - PASTELS - DESSINS

GRAVURES — MARBRE

Me André COUTURIER
COMMISSAIRE-PRISEUR

M. F. MARBOUTIN
PEINTRE-EXPERT

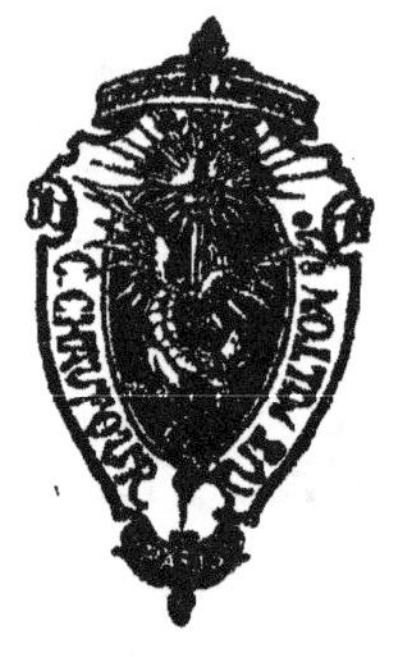

CATALOGUE

DES

TABLEAUX MODERNES

PAR

Barillot, J. Bauduin, Bénassit, P. Billet, E. Bordes
Ch. Busson, P. Chaigneau, F. Chifflart
A. Chigot, Choppard-Mazeau, Chrétien, Cormon
Karl Daubigny, G. Fouace, Français,
Th. Frère, P. Lecomte, J. Leroy, Marilhat, Pasini
Rochegrosse, Th. Rousseau, Sauzay, A. Stevens
Trouillebert, Abel Truchet, J. Veber
Vuillefroy, J. Wilhems, etc...

AQUARELLES - DESSINS - PASTELS

PAR

E. Boudin, J. Chéret, Eug. Claude, Fantin
C. Guys, Madeleine Lemaire, Lhermitte, Ad. Moreau
Navlet, De Penne, Pissaro, A. Rosier, Voillemot

GRAVURES

MARBRE par DARBEFEUILLE

DONT LA VENTE AURA LIEU

HOTEL DROUOT — SALLE N° 10

Le Mercredi 23 Mars 1910

A 2 HEURES 1/2 PRÉCISES

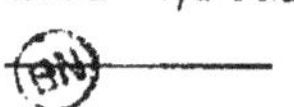

Me André COUTURIER
COMMISSAIRE-PRISEUR
Successeur de Me LÉON TUAL
56, *Rue de la Victoire*, 56

M. F. MARBOUTIN
PEINTRE-EXPERT
2, *Rue de Marseille* 2

EXPOSITION PUBLIQUE

Le Mardi 22 Mars 1[illegible] [illegible] heure 1/2 à 5 heures 1/2

CONDITIONS DE LA VENTE

Elle sera faite au comptant.

Les acquéreurs paieront *dix pour cent* en sus des enchères.

L'exposition mettant le public à même de se rendre compte de l'état des objets, il ne sera admis aucune réclamation une fois l'adjudication prononcée.

DESIGNATION

TABLEAUX

ANGLADE (G.)

1 — Bords de la Vézère (Corrèze).

BALLAVOINE (J.)

2 — Le Sabot cassé.

3 — Hérodiade.

BARBERIN (Eug.)

4 — Campagne de 1870.

BARILLOT (L.)

5 — L'Etable à porcs.

BAUDUIN (J.)

6 — La Seine à Sannois.

7 — Matinée d'automne.

BENASSIT (E.)

8 — Dans le parc de Versailles.

BELLET (P.)

9 — Pêches.

BILLET (Pierre)

10 — La Bergère, matin.

BORDES (E.)

11 — Fleurs.

12 — Fleurs dans un vase.

13 — Fleurs.

BORIGNE

14 — Le Thé.

BOUDIN (E.)

15 — Le Cheval blanc.

BUSSON (Ch.)

16 — La Garenne.

CALVÈS (G.)

17 — La Moisson.

CALVÈS (Marie)

18 — Au Marais.

19 — Chiens de chasse.

CHAIGNEAU (P.)

20 — Lever de lune. Plaine de Barbizon.

21 — Fumée d'automne.

CHIFFLART (Fr.)

22 — Musique sacrée.

23 — Paysage.

24 — Samson.

25 — A Naples.

26 — Persée délivrant Andromède.

27 — Paysage avec ruines.

28 — Après la bataille.

29 — En Italie.

30 — Le Soir.

Paysage.

31 — La Lutte.

32 — Paysage.

Etude.

33 — Le Soir (Campagne de Rome).

34 — Sous ce numéro, plusieurs études.

Sera divisé.

CHIGOT (A.)

35 — L'Estafette.

36 — Chasseur d'Afrique.

37 — Tambour de Turcos.

CHOPPARD-MAZEAU

38 — La Lettre.

CHRÉTIEN (R.)

39 — La Brioche.

CORMON (F.)

40 — Le Vainqueur des Salamites.

DAUBIGNY (Karl)

41 — La Roulotte.

DELACROIX (Ecole de)

42 — Jeanne d'Arc sur le bûcher.

DELPY (H.-C.)

43 — En Normandie.

DUMONT (H.)

44 — Après-midi d'été.

DU THOIT

45 — Tête de femme.

DUVIEUX

46 — Caravane. Sud algérien.

47 — Constantinople.

ECOLE HOLLANDAISE

48 — Marine.

ENAULT (Alix)

49 — Jeune femme.

FOUACE (G.)

50 — Canard et ustensiles de cuisine.

FRANÇAIS (L.)

51 — La Moisson.

FRÈRE (Th.)

52 — Vue d'Orient.

INCONNUS

53 — Italienne à la fontaine.

54 — Tentation de Saint-Antoine.

55 — Moines.

INGRES (Ecole de)

56 — Femme à sa toilette.

ISAILOFF (A.)

57 — Barque de pêche à Venise.

58 — La Douane à Venise.

LECOMTE (Paul)

59 — Bords de rivière.

60 — La Marne près Créteil.

LEROY (J.)

61 — Famille de chats.

62 — Jeunes chats.

MAINCENT (G.)

63 — Une rue à Montmartre.

MARILHAT (P.)

64 — Ville d'Orient.

MÉNARD (René)

65 — Paysage Suisse.

MERLIN (P.)

66 — Famille de chats.

METTLING

67 — Tentation.

MOREAU (Adrien)

68 — Route en forêt.

69 — Paysage.

NUMA GILLET

70 — La Prairie.

ORTIOU

71 — Vue de Venise.

PASINI

72 — Caravane traversant un défilé, frontière de Perse.

PÉCRUS (C.)

73 — Le port de Trouville.

74 — Laveuses à Trouville.

PEZANT (Ay.)

75 — Vaches dans la prairie.

QUINTON (Cl.)

76 — Labourage.

ROCHEGROSSE

77 — Guerriers romains.

ROQUEPLAN

78 — Jeune italienne.

ROUSSEAU (Philippe)

79 — Nature morte.

SAUZAY (A.).

80 — Marais en Sologne.

SCHULZ (Ad.)

81 — Une Mare. Forêt de Fontainebleau.

SERRA (E.)

82 — Jeune Italienne.

STEVENS (A.)

83 — Marine.

84 — Environs du Tréport. Soleil couchant.

TRIGUEL (Jules)

85 — Le Violoniste.

TROUILLEBERT

86 — Bords de rivière.

TROYON (Attribué à)

87 — Tête de vache.

TRUCHET (Abel)

88 — Le 14 juillet à Montmartre.

VAUQUELIN (R.)

89 — Souvenir d'Alger.

VEBER (Jean)

90 — A Biskra.

VÉRON (A.-R.)

91 — La Seine à Neuilly.

VUILLEFROY (De)

92 — Sur la falaise.

93 — Taureaux en Espagne.

WILHEMS (J.)

94 — L'Embarquement. Venise.

95 — Le Port de Cassis. Provence.

96 — Le Soir. Venise.

WOLF (Bernard)

97 — La Prière.

AQUARELLES, PASTELS, DESSINS

BOUDIN (E.)

98 — La Plage de Trouville.

Aquarelle.

CALVÈS (Marie)

99 — L'Hiver.

Aquarelle.

CHARLET

100 — La Sortie de l'école.

Mine de plomb.

CHÉRET (J.)

101 — Sourires.

Dessin rehaussé

CHIFFART (F.)

102 — Persée délivrant Andromède.

Fusain.

103 — Tête de femme.

Dessin.

104 — Scène mythologique.

Fusain.

CLAUDE (Eug.)

105 — Nature-morte.

Dessin à la plume.

FANTIN

106 — Etude.

Dessin rehaussé.

ÉCOLE FRANÇAISE

107 — L'Artiste.

Plume et encre de Chine.

GUYS (Constantin)

108 — Au Salon.

Encre de Chine.

109 — Au Salon et Boulevards extérieurs.

Deux dessins.

110 — Conversation.

Encre de Chine.

111 — Une Fille.

Fusain.

HENNER (attr. à)

112 — Madeleine.

Encre de Chine.

JAPY

113 — Paysage.

Pastel.

JEANRON

114 — Deux croquis.

Mine de plomb.

LALANNE (Maxime)

115 — Marine.

Fusain.

LEMAIRE (Madeleine)

116 — Roses dans un panier.

Aquarelle.

LHERMITTE

117 — Le Sculpteur sur bois.

Fusain.

MILLET (J.-B.)

118 — Le Laboureur.

Fusain.

MOREAU (Adrien)

119 — Onze dessins.

Sera divisé.

NAVLET (J.

120 — La Cour visitant l'E[illegible] de peinture.

Gouache.

NOLA[illegible]

121 — Ruines à Rome.

Aquarelle.

DE P[illegible]

122 — Chiens de chasse

Dessin rehaussé

PISS[illegible]

123 — Le Verger.

Fusain.

ROSIER (A.)

124 — Barques de pêche à Venise.
Aquarelle.

VERHŒVEN (J.)

125 — Paysage.
Aquarelle.

VOILLEMOT (Ch.)

126 — Le Printemps.
Aquarelle.

127 — Le Rêve.
Aquarelle.

GRAVURES

DETAILLE (D'après)

128 — Mon Ancien Régiment.
Epreuve avec remarque.

GOYET (D'après J.-B.)

129 — Mariage de raison.

130 — La Lecture d'un testament.

JACQUET (Jules) (D'après Meissonier)

131 — 1814.

RENEFER

132 — Vues de Paris.
Six eaux-fortes.

ROSA BONHEUR (D'après)

133 — Le Retour du troupeau

Epreuve avec remarque.

ROYBET (D'après)

134 — Galants propos.

Epreuve avec remarque.

135 — Tableaux, dessins, gravures.

Sera divisé.

MARBRE

136 — « La Libellule », par DARBEFEUILLE.

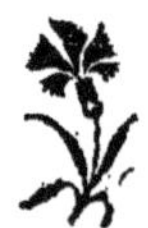

www.ingramcontent.com/pod-product-compliance
Lightning Source LLC
LaVergne TN
LVHW020504230826
846091LV00008BA/3329

* 9 7 8 2 3 2 9 4 9 9 8 0 2 *